I0428597

Descubre tu potencial y logra tus sueños

Sheila Morataya

Fascículo 2: DESATA TU CREATIVIDAD

www.syntred.com
twitter.com/syntred

ISBN-13:
978-1466246034

ISBN-10:
1466246030

La creatividad procede siempre del valor, revela el valor y fomenta el valor.

–Alfonso López Quintás

Índice

Introducción

El corazón reclama una vida creativa. El corazón quiere ser feliz, por eso pide soñar. El corazón ha sido creado para CREAR. De estos asuntos trata este libro.

¿Recuerdas cuando de niña jugabas con muñecas y un muñeco se enamoraba de una de ellas y eran felices para siempre? Creo que no hay mujer a la que de niña no le hayan gustado las muñecas. Por lo menos en mi grupo de amigas todas jugábamos con ellas, siempre creando, inventando e imaginando una vida feliz…

Pepita y Paco se veían, se gustaban, se enamoraban y se casaban. Entonces ambos subían a su coche color *rosa felicidad* rumbo a su nuevo hogar. Pepita cocinaba comidas que le gustaban a Paco; cuidaba del jardín; se ponía bonita para sí misma y para agradarle a él. Pepita también tenía unas ideas fantásticas para la decoración de su casa y era experta en organizar los fines de semana. Se sentía muy a gusto en su piel y en su rol. Paco cada día estaba más enamorado de su mujer y, tal como ella hacía con él, se esforzaba por inventar cosas que la hicieran feliz. Sobre todo trabajaba sin cansancio y se preocupaba por llevar los alimentos, la vestimenta y todo lo necesario para la casa. En su proceso complementario, mientras cada uno hacía estas cosas, se tomaban momentos de descanso para contemplar la obra de sus vidas. Ya habían llegado los niños e iban en camino de ser todos unos maestros en el arte de la vida creativa, la mejor vida que pueda vivirse.

Y es que la vida es eso, un acto continuo e imparable de creatividad, de expandir el ser, de desatar todo ese potencial maravilloso impregnado en el ADN de cada uno. Creo que en el momento en que ya no te interesa forjar, decorar, manifestar, dar a luz, hacer realidad una idea, ¡CREAR!, tu vida se vuelve simplemente una rutina. Este libro trata principalmente de esto: el arte de crear tu propia vida.

Podrías estar pensando: "Pero si mi vida ya existe, ¿cómo entonces voy a crearla?"

Déjame responderte con otras preguntas. ¿Has sentido alguna vez que no eres la dueña absoluta de tu vida? ¿Te sientes molesta a menudo por no estar haciendo lo que deseas sino lo que otros esperan de ti?

Si algo de esto te ocurre, es porque has dejado por la mitad la obra de tu vida. Y nadie mejor que tú para marcar el rumbo que quieres darle a tu existencia, ¿no lo crees?

¿Qué imágenes aún no has pintado en el cuadro de tu vida? ¿Qué banda de sonido te gustaría que se escuchara en la película de tu vida? Podrás estar en el punto de comienzo, en el medio de la pista o en la recta final, pero la carrera aún no termina. ¿Realmente quieres ganar?

A través del *coaching*, te lo aseguro, podrás conocer tus propios valores y alcanzar tus metas. Y llegar a ser la mejor versión de ti misma.

"El principal freno de un deportista es su mente, no su cuerpo." Esta frase la escribió en los años 80 Tim Galwey , el padrino del *coaching* moderno. Galwey fue *coach* (entrenador) de tenis y autor del libro *El juego interior del tenis*, que más adelante se convirtió en un seminario titulado *The Inner Game* (*El juego interior*), diseñado para mejorar el rendimiento de los empleados de grandes organizaciones. Así fue como en la década de los 80 los términos *coach* y *coaching* dejaron de ser exclusivos del mundo del deporte y pasaron a formar parte del ámbito empresarial.

Más adelante, Thomas Leonard y Frederic M. Hudson fueron los precursores de esta eficaz disciplina de desarrollo ejecutivo y personal. Prueba de ello es que las organizaciones, las empresas, los matrimonios, las familias y las amas de casa recurren cada vez más a los *coaches* con el objetivo de aumentar su productividad, evolucionar y acrecentar su potencial con óptimos resultados.

Yo soy *coach*. Ser *coach* implica ser acompañante y soporte. Despertador, alter ego y, si se quiere, ángel de la guarda.

El *coach* te observa y te ayuda a navegar a través de las distintas corrientes y movimientos que se dan en el río de tu vida.

El *coach* no se moja contigo, no puede hundirse porque no se mete contigo en el río, sino que desde la orilla te ayuda a navegar magistralmente.

El *coach* te ayuda tener claro lo que quieres, te acompaña en tus momentos de reflexión y te apoya en tus momentos de lucha. Moviliza tu vida, te plantea desafíos y, sobre todas las cosas, confía en tu potencial para conocerte, mejorar, crecer y florecer como sólo tú puedes hacerlo.

El *coach* te ayuda a lograr tu propia plenitud, no a través de un simple diálogo, sino por medio de una serie de preguntas cuidadosamente elaboradas en el momento de la conversación.

El *coach* te escucha y te ayuda a conseguir plenitud, claridad y equilibrio.

Sólo puedes encontrar esto cuando vives en consonancia con tus valores, cuando aprendes a vivir con integridad y pierdes el temor de seguir tu llamado interno. Por lo tanto, el *coach* viene a reforzar los valores universales que hacen a un ser humano vivir al límite de su máximo potencial.

En su libro *The Creative Habit* (Simon and Schuster, paperback, p. 34), una de las más grandes coreógrafas norteamericanas, Twyla Tharp, escribe: "Creo que todos tenemos cadenas de código creativo incorporadas a nuestra imaginación. Estas secuencias están tan firmemente ligadas a nosotros como el código genético que determina nuestra altura y color de ojos, excepto que rigen nuestros impulsos creativos. Ellas determinan los medios en que trabajamos, las historias que contamos y cómo las contamos."

Comparto el pensamiento de Tharp. Cada decisión que tomas, cada opción, cada nueva actividad y la forma en que haces las cosas pueden ser creativas.

I. La creatividad está en tu bolso

> *"Soy un ser lleno de gloria y talento, una parte de la creación, pero distinta de todas las demás. Sé apreciar lo especial de mis capacidades y la singularidad de mi voz."*

> *—Afirmación moderna*

Para experimentar la creatividad no es preciso más que vivir. Vivir es un acto de amor creativo.

Una mañana recibo la llamada de Lolita, una creativa muy conocida que vive en la ciudad de México. Me cuenta que su vida se está desmoronando, que su novio ha vuelto a caer en el consumo de cocaína, que sus padres no apoyan su relación con este chico y eso causa mucho conflicto entre ellos. Han pasado ocho meses y Lolita sigue sin conseguir trabajo. Sus hermanos no respetan su privacidad, pese a que ella es la mayor de la casa. Un sinfín de cosas ha dejado su vida en un embrollo absoluto.

De los cientos de problemas que tiene, Lolita me habla de cuatro: el problema con sus padres, el problema con sus hermanos, el de su búsqueda de trabajo y el problema con su peso.

—Hay mucho en tu plato –le digo.

—Hay mucho que vivir –me responde.

—¿Qué quieres hacer? –le pregunto.

—Iré a verte a los Estados Unidos.

Lolita ha llegado y nos reunimos en mi despacho: un cuarto pintado en tonos verdes, repleto de colores y objetos con gran significado. Ahí es donde me encuentro con mis clientes.

Charlamos durante un par de horas. Entiendo que Lolita detesta su falta de seguridad para hacer que las cosas sucedan. Nos centramos en esto. Le hago preguntas, escucho lo que dice, saco conclusiones sobre lo que en realidad quiere decir y lo que realmente quiere hacer. Se da cuenta de que dentro de sí misma están los colores para pintar el lienzo de su vida…

Sólo el ser humano tiene la capacidad y la libertad para crear, para inventar cosas, soñar y abrirse hacia formas más elevadas de vida. Desafortunadamente, desde el periodo artístico del Romanticismo se vinculó creatividad con genialidad. Existe la idea muy arraigada de que las mujeres creativas por excelencia son solo las que producen obras de arte maravillosas, las escritoras, las pintoras, escultoras, inventoras y demás artistas. Esta idea se justifica porque destaca un tipo de creatividad brillante y fecunda. Pero no es de esa clase de proceso creativo de lo que quiero hablarte aquí, sino del tipo de creatividad que hay en la vida cotidiana de las personas no necesariamente artistas.

Es mucho lo que se ha dicho e investigado acerca de este asunto. Incluso, a la hora en que me disponía a escribir este libro, hice una profunda investigación sobre procesos y teorías en torno a la creatividad. No encontré nada que me dejara satisfecha, pues yo quiero hablarte específicamente sobre el acto creativo de vivir, tema de nuestra conversación con Lolita, y sobre todo, de vivir como mujer, desde la propia personalidad. Porque cada mujer se busca, se encuentra, se acepta, ama y se brinda a los demás todos los días de su vida. Lo que Lolita buscaba con ansiedad no era otra cosa que el arte de crear su propia vida, pero la forma en que lo estaba haciendo no era precisamente la mejor.

—¿Y qué tal si exploras la posibilidad de mudarte de ciudad? —le pregunto—. Es una idea que se ajusta bastante a lo que me has estado contando.

—¡Eso es exactamente lo que quiero hacer! Pero no puedo tomar la decisión, no me animo. Mis padres no lo aceptarían. Mi novio no lo permitiría. Mis amigos me dirían que estoy loca. Nadie me apoyaría...

Espero. Observo. Lolita está pensando. Sé que éste es el momento hacia el que se ha estado encaminando desde hace meses, quizás años. Necesita un empujón, una dosis de estímulo.

—¿Qué pasaría si te mudaras a donde deseas? —pregunto.

—Me daría cuenta de que sí puedo ser la protagonista de mi propia vida, de mi propia historia —responde en voz baja.

—¿Qué valor estarías honrando en tu vida si lo hicieras? —pregunto.

—Creo que el de la audacia —contesta.

Su cara se ilumina… se transforma. Está dispuesta. Siente la alegría de su propia resolución. Escribe una nota en el cuaderno que tiene delante y sonríe. Se levanta y me abraza.

—Mi vida en sus diferentes facetas y con todos sus desafíos es lo más hermoso que he creado. —Me abraza intensamente y me susurra al oído—: Gracias.

Lolita había tenido un encuentro con su propia creatividad. La presencia de la creatividad en la vida de una mujer es un requisito esencial para saborear la vida y vivirla con alegría, como lo es el mismísimo maquillaje cuando quieres estar guapa, tienes un evento importante o has decidido mostrar tu proyección personal y profesional. Los arqueólogos han encontrado evidencia del uso de maquillaje en la mujer en Egipto desde el año 4000 antes de Cristo. Sin embargo no fue sino hasta 1963 –impulsado por una mujer llamada Mary Kay– que el maquillaje se convirtió en artículo imprescindible para mujeres de todas las clases, países y estratos sociales (*Inteligencia creativa*, Madrid, Editorial BAC, 1999, p. 443).

La creatividad, como el maquillaje en tu bolso de mano, debe estar presente en tu vida todos los días.

La creatividad existe desde el origen del cielo y de la tierra, es una cualidad propia del espíritu humano. De ahí viene el deseo innato de explorar, encontrar, descubrir… Pues tú y yo somos más que biología y neuronas; el gran ingrediente exclusivo de las personas es la creatividad.

"Cuando concebimos una nueva idea, retomamos la creatividad de Dios. Dios es ambas cosas: el inventor de un juego y de aquéllos que lo juegan, el autor y el actor; la canción y el cantante", dice el escritor norteamericano Ernest Holmes (en: Julia Cameron, *The Vein of Gold: A Journey to Your Creative Heart*, Ed. Putnam, 1996).

Para Abraham Maslow, creador de la psicología humanista, la persona creativa es capaz de perderse totalmente en el presente. "La persona creativa está plenamente ahí, totalmente inmersa, fascinada y absorta en el presente, en la situación actual, en el *aquí y ahora,* en el asunto entre manos" (*La personalidad creativa*, Editorial Kairós, Barcelona, 1999, p. 89).

¡Escarba la creatividad!

Escarbar significa inquirir curiosamente lo que está más o menos encubierto hasta averiguarlo. Cuando escarbes tu creatividad, descubrirás que está impresa en todo tu ADN. Puede ser que esté dormida en alguna habitación interna, pero seguramente está ahí. ¡Despiértala!

¿Cómo puedes descubrir tu creatividad?

Te doy algunos consejos:

1) Recuerda qué es lo que te emociona.

2) Haz una lista de tus talentos y de todas aquellas cosas que sabes hacer muy bien.

3) ¿Qué te hace sobresalir entre los demás? ¿Tu habilidad para la escritura? ¿Tu voz cuando cantas? ¿Tus manos cuando tejes?

4) ¿Qué actividad es la que más te conmueve, la que te llega al corazón?

Tengo un hermano que cuando canta karaoke desata su felicidad. Si él quisiera ser más feliz, además de las clases de canto que ha tomado, podría empezar a buscar oportunidades para cantar los fines de semana por la noche.

5) ¿Qué puedes hacer tú para expandir tu propia creatividad?

Escríbelo aquí:

1) ....

....

....

2) ....

....

....

3) ....

....

....

4) ....

....

....

5) ....

....

....

Mujer conductora de orquesta

En el mundo de la dirección de orquesta, todavía es muy raro ver mujeres prominentes. Entre ellas se destaca Inma Shara, una española con una trayectoria brillante a nivel profesional. Ha dirigido las principales orquestas españolas, así como la Sinfónica Nacional Checa, la Sinfónica Nacional de Rusia, la London Philharmonic Orchestra y la Sinfónica de Roma, entre muchas otras. Para esta mujer, el secreto consiste en estar convencida, ante todo, de haber *nacido para ESO*. Inma ha sido la primera mujer en dirigir en el Vaticano y en 2009 recibió el premio a la Excelencia Europea. El 10 de diciembre de 2008 tocó para el papa Benedicto XVI ante seis mil personas durante la celebración del 60 Aniversario de la Declaración Universal de los Derechos Humanos.

Pero no sólo Inma tiene el privilegio de ser una gran conductora de orquesta sinfónica. Tú eres la directora de la sinfonía de tu vida. Eres la protagonista, la productora y la estrella. Cada uno de tus movimientos es un acto magistral de tu espíritu creativo en la música de tu vida. Hay una Inma Shara en cada mujer.

Para esta directora de orquesta, sin duda, la creatividad es un factor fundamental. Se la ha escuchado decir que "cada mujer debe transmitir el espíritu artístico" en todo lo que es y en todo lo que hace. Además afirma: "Cuando uno dirige, debe hacerlo desde todo su ser. Cuando uno dirige, debe hacerlo desde el corazón."

Cada ejercicio creativo debe ser una manifestación de tu corazón, que es único e irrepetible, una manifestación de tu yo interno, de tu ESENCIA.

¿Y qué significa dirigir desde el corazón? Significa saber que puedes ser feliz, que tienes derecho a ser feliz, ¡y serlo! El corazón, núcleo del ser humano, es el contenedor de toda tu capacidad creadora. Como mujer, ya debes saber que ser una misma es un gran desafío. Por eso es importante que vivas con todo tu ser, creando una vida de satisfacciones y plenitud desde el corazón.

Inma hoy está casada con el que llama su "novio de toda la vida", y ha iniciado "una sinfonía inacabada." ¿Por qué?

Son sus palabras: "Porque Jesús (su marido) y yo queremos que dure toda la vida." Estarás de acuerdo conmigo en que esta forma de expresarse indica que no sólo es una mujer brillante en el ámbito profesional, sino que también ha llevado a su vida el acto de crear.

Tú también puedes hacerlo.

Coaching para mente y corazón para embellecer tu vida

Elabora una lista de actos de creatividad diarios que ayudan a embellecer tu vida y manifiestan la profundidad de tu espíritu:

- ....

- ....

- ....

- ....

- ....

- ....

Frases de reflexión para una vida creativa

"La vida, la naturaleza, la humanidad, sólo son bellas cuando son transfiguradas por un cerebro creador."

–Edmond Jaloux

"Lo que mueve al mundo no son los potentes brazos de los héroes, sino también la suma de los pequeños empujones de cada trabajador honrado."

–Helen Keller

"Cada hombre es un ser nuevo en el mundo, llamado a realizar su particularidad."

–Martin Buber

"El hombre que se perfeccionó no interfiere en la vida de los demás, no se impone a ellos."

–Lao-Tsé

"Hay que creer en el niño de forma incondicional y considerarlo valioso para que sienta nuestro respeto y confianza."

–Bernabé Tierno

"Los padres deben favorecer un entorno comprensivo, estimulante y de plena libertad de acción y expresión."

–Bernabé Tierno

II. El rostro femenino de la creatividad

> *"La creatividad no es simplemente la espontaneidad inocente de la juventud y la niñez; debe además estar acompañada por la pasión propia del adulto, que es la pasión de vivir más allá de su propia muerte."*

–Rollo May

La creatividad es una de esas capacidades del intelecto femenino que se puede ir adquiriendo y ejercitando. Es una habilidad de la personalidad que, si te lo propones, puede llegar a convertirse en parte fundamental de tu forma de ser.

Para ser creativa es preciso pedirle a la propia inteligencia un poco más y esforzarse para ello. La creatividad es un proceso, no un fin. Es un mito que las ideas o la inspiración llegan de repente. Para que tu mente genere ideas, debe sumergirse en ideas, ya sea en el momento en que lees, en que estudias u observas la vida de otras personas, estando abierta y atenta a todos.

El gran pintor Pablo Picasso solía decir: "Ojalá que cuando la inspiración llegue me encuentre trabajando."

Ser una mujer creativa, original y única en su forma de vivir, de relacionarse y de trabajar, no es un privilegio exclusivo de las artistas. Es también una condición que te pertenece. Cualquier mujer puede y debe ejercitar la potencia, la fuerza y la luz que da pensar creativamente. Tú misma puedes convertirte en una gran convocadora de creatividad si dejas que surjan actitudes espontáneas y originales en cada actividad que realizas, desde la hora y la forma en que te levantas todas las mañanas.

Tengo la fortuna de conocer a alguien que inicia su rutina diaria levantándose los 365 días del año de un brinco exactamente en el instante en que suena su despertador. Hacerlo así, me cuenta mi amiga, da inicio a tu día con una alta concentración de energía y optimismo. En pocas palabras, empieza el día lista para crear.

Pero, ¿qué es la creatividad? ¿Por qué casi nadie habla de ella en la vida diaria?

Según el psicólogo norteamericano Rollo May, la creatividad es "el proceso de traer a la existencia algo nuevo" (*The Courage to Create*, W.W. Norton, 1994, p. 36). Lo nuevo no sólo se da en la esfera de la creación profesional, como podría sucederle a un escultor, arquitecto, pintor o inventor y a todos los profesionales cuyo trabajo se relaciona con la capacidad creativa. Como lo explica May en ese libro (p. 36), la creatividad es la manifestación del hombre o la mujer al llenar su ser en el mundo, y debe ser explorada, no como producto de una enfermedad (por ejemplo en los casos de Virginia Woolf, Van Gogh o Salvador Dalí, entre otros) sino como la máxima representación del grado de salud mental que una persona pueda tener.

La creatividad es uno de los mayores actos de autorrealización, porque nos permite renovarnos a nosotros mismos. Y salir a la vida con la fuerza y los colores de un verdadero arcoíris, siendo feliz uno y haciendo feliz la vida de los demás.

En este mismo momento, haz una lista de todos los pasos que sigues al maquillarte. Te aseguro que te quedarán así:

- Lavarse el rostro
- Escoger la loción humectante y el bloqueador solar
- Aplicar la base de maquillaje y con cuidado difuminar hasta que quede el lienzo perfecto
- El momento de las sombras en los párpados y la máscara de pestañas
- El momento del rubor en las mejillas
- El lápiz de labio y brillo

¿Y qué haces al final del proceso? Te miras detenidamente en el espejo, sonríes y das la vuelta, lista para conquistar al mundo.

El acto tan simple y sencillo de maquillarse es uno de los momentos más grandes y propicios para ejercer la creatividad, pues te maquillas de acuerdo a tus gustos, a tu personalidad, a tu espíritu. ¡Espero que a ti te guste maquillarte!

De acuerdo con lo anterior, puedes ver que la creatividad se da también entonces en la manera de ser, de vivir, de sentir. Puedes ser creativa al dar amor, al recibir amistad, al mirar, al tocar, al crear un sinfín de detalles para ti misma y para quienes te rodean, con un sello personal, único, original, luminoso y alegre. La próxima vez que quieras enviar una tarjeta de felicitación a tu mejor amiga, te doy una sugerencia: no compres la tarjeta hecha, date el tiempo de buscar entre objetos y materiales que tengas en tu casa y anímate a elaborarla tú misma. El solo hecho de pensar en esto, pondrá inmediatamente a trabajar a tu musa creativa.

Ser una mujer creativa es estar atenta a la constante multiplicación de valores, hacer la vida bella y agradable a quienes amamos, a nuestros colaboradores, a nuestros amigos y a la sociedad en general. Es también aportar nuevas y mejores soluciones ante el desafío que tenemos en la comunicación con la pareja y con los hijos, la vida laboral, etcétera.

En mis sesiones de *coaching* para las relaciones, especialmente aquéllas para mujeres con hijos adolescentes, les pregunto a mis clientes:

—¿Qué haces tú para ponerte a su mismo nivel?

Inmediatamente se asombran, los ojos se les abren y les resulta difícil dar una respuesta. Sin embargo, la vida con los adolescentes es una magnífica oportunidad para utilizar al máximo el pensamiento creativo. Después de hacerlo por un tiempo, algunas de estas personas vienen a verme y me cuentan que una de las cosas que hicieron fue incorporar el sentido del humor a la relación; otras, que se van de compras con sus hijos y se prueban la ropa en el local de adolescentes; otras, sencillamente acceden a ver la película favorita de sus hijos bebiendo una gaseosa y comiendo junto a ellos palomitas de maíz.

Esto es vivir creativamente. Para hacerlo se requiere aumentar el nivel de conciencia con el que se está viviendo, desarrollar la empatía y grandes dosis de seguridad en uno mismo.

Vivir creativamente es vivir de una forma original. Es la expansión de las ondas de tu ser en todo lo que te rodea, en todo lo que tocas.

Para despertar a la diosa creativa que hay en ti, escucha las campanas

Según un mito celta, los chamanes usaban ramas sagradas con campanas de plata para abrir puertas entre el mundo material y el del espíritu.

Cierra los ojos e imagina el tintineo de las campanas. Al acercarte a su origen, visualiza una puerta formada por dos árboles en flor. Al cruzarla, te encuentras en un mundo nuevo. El guardián de la puerta está a pocos pasos, vigilando una olla puesta al fuego. Al verte, él llena un cáliz con lo que hay en la olla y te lo da. Es una bebida fuerte que provoca una sensación de plenitud. El guardián te dice que vuelvas siempre que lo necesites y te aconseja estar atenta a las campanas de plata. Cruza la puerta y, al abrir los ojos, te sentirás pletórica de vida, energía y creatividad.

Pensar creativamente

La verdad es que en nuestra sociedad tan moderna, las mujeres hemos perdido la capacidad de pensar creativamente. Nuestra época simplificada, digitalizada y en extremo tecnológica nos ha ido atrofiando la capacidad de crear. Sin embargo, hoy más que nunca necesitamos mujeres que confíen en la fuerza de su propio pensamiento creador, mujeres que sepan que cada mente es importante para el mundo, como lo demuestra el caso de Janne Haaland Matlary, una mujer de fuertes pasiones que ha hecho un compromiso social importantísimo.

Esta mujer de nacionalidad noruega es responsable del Fondo de Petróleo Noruego, ex viceministra de Exterior de su país y neo-feminista. Está casada y tiene cuatro hijos. ¿Cuál ha sido su propuesta creativa? Algo sumamente original para un país escandinavo: ella aboga por respetar y apreciar en lo que vale la maternidad, y ha ofrecido propuestas para crear condiciones sociales que permitan a las mujeres conciliar familia y trabajo profesional. Y no lo hace simplemente porque se le ocurrió; lo hace por la experiencia de vida que tiene de ser esposa y madre; porque se preocupa por estar también para los suyos, porque desea que en su biografía aparezca que fue una gran política, pero que su mejor papel fue el de esposa y madre.

En nuestros tiempos de permanente actividad, lograr el equilibrio justo entre familia y trabajo requiere verdaderamente una dosis mayúscula de creatividad.

Coaching para mente y corazón para despertar a tu diosa creativa

• ¿Cuánta creatividad pones en cada cosa que haces a lo largo de tu día?

....

....

• ¿Prestas atención a los detalles? ¿De qué manera?

....

....

....

....

• ¿Cuánto tiempo inviertes en tu arreglo personal?

....

....

• ¿Qué formas creativas utilizas para ganar las
discusiones con tu marido o tus hijos?

....

....

....

....

• ¿Cuánta creatividad aplicas en tu labor profesional?

....

....

....

....

¿Prefieres seguir leyendo sin contestar?

Si no es así, te felicito por tomarte el tiempo para pensar y responder a las preguntas.

Si tu idea es no responder, permíteme que te diga que las preguntas anteriores son una invitación a pensar. Es el pensamiento lo que da vida a las ideas, lo creativo.

III. Las cinco puertas hacia la creatividad

> *"La creación de algo nuevo no se realiza con el intelecto, sino con el instinto de juego que actúa por necesidad interna. La mente creativa juega con los objetos que le inspiran amor."*
>
> –Carl Jung

Puerta 1: Valor

Reformar el mundo y hacerlo mejor: ¿te atreves?

En 1821 nació la primera presidenta de la Cruz Roja Americana: Clara Barton. Su valor como mujer pasó a la historia ya que después de estallar la guerra civil, al enterarse de que los heridos sufrían por falta de atención médica, estableció un servicio de provisiones para los soldados y trabajó en campamentos del ejército y en el frente, labor que le valió el nombre de "Ángel del Campo de Batalla."

Durante tres años Clara se ocupó de las víctimas de la guerra en Virginia y Carolina del Sur, y en 1865 el presidente Lincoln la nombró para que buscara a las personas desaparecidas en acción. En 1870, cuando estalló la guerra franco-prusiana, viajó a Europa y trabajó detrás de las líneas alemanas para la Cruz Roja Internacional. Clara hizo uso de la creatividad femenina para ejecutar un proyecto que sin duda alguna demandaba gran valentía.

La actitud creativa requiere fortaleza y coraje, y por ello la mayoría de los estudios sobre las personas creativas nos presentan una u otra versión del coraje: la obstinación, la independencia, el arrojo, la autosuficiencia, la fuerza del carácter, las agallas, la firmeza del ego, etcétera.

Dicho de forma más positiva: tener valor nos facilita dejarnos atraer por el misterio, lo no familiar, lo novedoso e inesperado.

Coaching para mente y corazón para despertar el valor creativo

• Escribe una carta al editor más importante de tu país.
• Escribe una carta de amor a tu abuelo.
• Aprende algo que siempre te haya dado miedo aprender.
• Sigue la receta de cocina que te dicta tu intuición y arriésgate a fallar.

Puerta 2: Flexibilidad

"Para gobernar se necesita firmeza, pero también mucha flexibilidad y paciencia."
−Henri-Dominique Lacordaire.

Recuerdo haber leído un artículo muy interesante hace un tiempo en una revista llamada Aceprensa. Trataba sobre lo que estaban haciendo las mujeres en Japón para adaptarse a la recesión mundial. El autor contaba que para sobrellevar la recesión, las amas de casa japonesas habían elaborado todo un arte de vivir frugalmente en uno de los países más caros del mundo. Y ante los indicios de que la crisis iba para largo, estaban intentando recortar todavía más los gastos.

Cientos de mujeres escriben a la revista mensual Sutekina Okusan ("Esposa Encantadora") ofreciendo recetas de cocina y consejos prácticos para reducir gastos, desde apagar la TV para ahorrar electricidad, hasta usar de nuevo el agua después de lavar el arroz. Otros consejos se refieren a la decoración: por ejemplo, cómo aprovechar ropa usada para hacer cubiertas de cojines.

La comida es el gasto mayor de un hogar japonés, pero incluso las más ahorrativas se precian de ofrecer un menú distinto en cada cena. Satoko Sugiki, una de las editoras de la revista, confiesa su asombro al comprobar que muchas de las suscriptoras se las arreglan para dar de comer a cuatro personas con solo 10.000 yenes mensuales (hoy 130 dólares). "Alguien con menos espíritu ahorrativo —dice— puede gastar esa misma cantidad comprando un melón de regalo en una tienda de lujo." También se puede decir que una mujer con menos espíritu creativo haría lo mismo. ¡Bravo por las japonesas!

Coaching para mente y corazón para despertar la flexibilidad

• La próxima vez que quieras a toda costa demostrar que estás en lo correcto, desiste.

• Deja de utilizar expresiones propias de tu personalidad que te impiden ser flexible, por ejemplo: "no me gusta el brócoli"; en su lugar, di: "no me gusta el brócoli pero esta vez lo comeré."

• Deja de hacer todo lo que estás haciendo cuando tu hijo te pide atención.

Puerta 3: Soltura y libertad

"Hacer con soltura lo que es difícil a los demás, he ahí la señal del talento; hacer lo que es imposible al talento, he ahí el signo del genio."

–Henry F. Amiel

Virginia Satir, terapeuta, escritora, conferenciante y asesora en relaciones humanas, se dirigió al ser humano a través de un poema maravilloso. Su lectura constituye un verdadero desafío para las mujeres. El poema, titulado "Yo soy Yo", es un genuino llamado a la autenticidad y afirmación de ser única e irrepetible.

Lo transcribo a continuación (las palabras en mayúsculas señalan variaciones de mi propia autoría):

Yo soy Yo

En todo el mundo no hay nadie como yo.

Hay personas que tienen algo en común conmigo, pero nadie es exactamente como yo. Por lo tanto, todo lo que surge de mí es verdaderamente mío porque SOY CO-CREADORA.

Soy dueña de todo lo que me concierne:

De mi cuerpo, incluyendo todo lo que hace; mi mente, incluyendo todos sus pensamientos e ideas; mis ojos, incluyendo las imágenes de todo lo que contemplan; mis sentimientos, sean lo que sean, ira, gozo, frustración, amor, desilusión, excitación; mi boca, y todas las palabras que de ella salen, corteses, tiernas o rudas, correctas o incorrectas; mi voz, fuerte o suave, y todas mis acciones, ya sean para otros o para mí misma.

Soy dueña de mis fantasías, mis sueños, mis esperanzas, mis temores. Soy dueña de todos mis triunfos y logros, de todos mis fracasos y errores.

Como soy dueña de todo mi yo, puedo llegar a conocerme íntimamente. Al hacerlo, puedo amarme y ser afectuosa conmigo en todo lo que me forma. Puedo así hacer posible que todo lo que cree sea para mi provecho.

Sé que hay aspectos de mí misma que me embrollan, y otros aspectos que no conozco.

Mas mientras siga siendo afectuosa y amorosa conmigo misma, valiente y esperanzada, puedo buscar las soluciones a los embrollos y los medios para llegar a conocerme mejor.

A MAYOR CONOCIMIENTO DE MI POTENCIAL, MAYOR EXPRESIÓN DE MI PROPIA CREATIVIDAD.

Sea cual sea mi imagen visual y auditiva, diga lo que diga, haga lo que haga, piense lo que piense y sienta lo que sienta en un instante del tiempo, esa soy yo.

Esto es real y refleja dónde estoy en ese instante del tiempo.

Más tarde, cuando reviso cuál era mi imagen visual y auditiva, qué dije y qué hice, qué pensé y qué sentí, quizá resulte que algunas piezas no encajen.

Puedo descartar lo que no encaja y conservar lo que demostró que sí encaja.

Y CREAR algo nuevo en vez de lo que descarté.

Puedo ver, oír, sentir, pensar, decir y hacer. Tengo las herramientas para sobrevivir, para estar cerca de otros, para ser CREATIVA, y para encontrar el sentido y el orden del mundo formado por la gente y las cosas que me rodean.

Soy dueña de mí misma.

SOY CO-CREADORA DE MI VIDA.

Y por ello puedo construirme.
Yo soy yo y estoy bien.
YO TENGO UN ESPÍRITU CREATIVO Y SOY
ÚNICA.

Coaching para mente y corazón para obtener soltura y libertad

Medita sobre este poema con calma y ábrete a la posibilidad creativa que reside en ti.
• ¿Qué fibras de tu espíritu ha tocado?

....

....

• ¿Te ha motivado a hacer algunas cosas de otra manera? ¿Qué cosas?

....

....

....

....

• ¿Qué pasaría en tu vida si la creatividad empezara a notarse en la forma en que saludas a las personas, amas a tu pareja, besas a tus hijos, compartes con tus amigos, realizas tu trabajo, cuidas de tu hogar?
Este espacio es para ti, tu respuesta es valiosa:

....

....

....

....

....

....

En verdad, cada mujer se pertenece a sí misma. Está todos los días frente a sí misma y por eso tiene la oportunidad y responsabilidad de hacer de su vida una creación de momentos extraordinarios, logrando con ello que cada día que pasa el mundo sea más hermoso y mejor para todos.

Puerta 4: Apreciación de la belleza

"Siempre suspiramos por visiones de belleza, siempre soñamos mundos desconocidos."
—Máximo Gorki

Según la directora de orquesta Inma Shara, el proceso de llevar a cabo la ejecución de una obra sinfónica requiere de muchas horas a solas y en silencio. Ese tiempo de soledad y calma es el que permite memorizar e interiorizar la obra escogida de forma que al momento de ejecutarla esté llena de la autenticidad del director.

Una mujer creativa es alguien que aprecia la belleza de todo lo que la rodea.

Para poder apreciar la belleza hace falta retirarse, recogerse y simplemente reflexionar en torno a la forma en que se está viviendo la propia vida; por supuesto con el propósito de hacerla más completa, más radiante, más bella. Tal como lo he explicado anteriormente, nuestra cultura es rápida y orientada a resultados inmediatos. Sin embargo, se hace importante, especialmente para la mujer, aprender a apreciar la belleza, nutrirse de ella, interiorizarla y ser su portadora en el mundo. No me refiero aquí a la belleza física, sino a aquella belleza que nace del corazón de cada mujer cuando cultiva actitudes y hábitos que le dan felicidad a ella misma y a los demás.

Coaching para mente y corazón para portar belleza

• Compra un libro de contenido espiritual como la vida de la Madre Teresa, Gandhi, Nelson Mandela, etc., y reserva por lo menos 20 minutos para leerlo cada día.

• Lleva un diario de esa lectura y escribe todo tipo de sensibilidad o ideas que la lectura de sus vidas te haya provocado.

• ¿Cómo puedes empezar a aplicar a tu vida eso que te conmueve?

....

....

• Apúntate a un retiro.
• Decide tomar clases de pintura o de un instrumento musical que siempre hayas querido aprender a tocar.
• Prepara una cena romántica.

Puerta 5: Amplitud de perspectiva

"A un alma se le mide por la amplitud de sus deseos, del mismo modo que se juzga de antemano una catedral por la altura de sus torres."
—Gustave Flaubert

Lo ideal para cada mujer es lograr ver más allá de su propio mundo personal. Esto le demanda que se observe a sí misma y trate de aspirar a ir creciendo en madurez y llevar adelante una apasionada batalla para no dejar que su propio egoísmo la gobierne.

Phil Bosmans tiene una frase inspiradora para alcanzar este objetivo: "Libérate y sal de ti mismo. ¡Afuera es primavera! Sal a la luz como una flor. Sal a la naturaleza, a la vida, a las personas."

Cuando a Sócrates le preguntaron de dónde era, no respondió "Soy de Atenas", sino "Soy del mundo." En efecto, tú y yo somos del mundo y para el mundo. ¡Salgamos a la vida! La amplitud de miras es uno de esos valores permanentes de las mujeres que, con espíritu noble y generoso, se dedican a la creación del bien, aplicándose siempre a mejorar la calidad de vida de los suyos y de los demás, y a promover con todo empeño detalles para la vida cotidiana.

El hombre que consigue ver las cosas pequeñas tiene la mirada limpia, dice un proverbio chino. Ser una mujer con amplitud de miras te lleva también a ser responsable desde el punto de vista social, te involucras en proyectos de provecho para tu comunidad, ¡sales a crear! Este tipo de acciones de servicio generan felicidad, pues te hacen darte cuenta de la dimensión del otro. Lo dice muy bien Roger Garaudy: "El otro es mi trascendencia, lo que me llama más allá de mis limitaciones individuales y lo que me constituye como hombre."

Coaching para mente y corazón para lograr amplitud de miras

• Crea una ONG.

• Hazte voluntaria de la Cruz Roja o de un hogar de ancianos.

• Compra regalos junto a tus hijos para los más necesitados en Navidad.

• Localiza a tu maestra de primer grado, compra rosas y una tarjeta de agradecimiento.

• Envía una carta al editor de tu periódico favorito que invite a la responsabilidad social.

IV. Los cuatro saboteadores

¿Qué impide a una mujer ser creativa en su camino hacia el amor?

En mi experiencia como *coach*, he detectado muchas actitudes emocionales y de comportamiento que funcionan saboteando la creatividad. Aquí te menciono cuatro de las que considero más importantes. Conocerlas servirá para evitarlas.

Saboteador 1: La pereza

Hay una historia que es perfecta para explicar el daño que la pereza puede causar en tu vida y tu creatividad. El emperador bizantino Teodosio II era tan perezoso, que firmaba muchos documentos sin dignarse a mirarlos. Su hermana Pulqueria, que era bastante prudente y conocía muy bien la indolencia del emperador, un día pensó en corregirlo. Entre las actas que debía firmar, le presentó una por la cual él le vendía a su esposa Eudoxia como esclava. El documento fue firmado por el emperador sin obstáculo alguno. La hermana, que se había puesto de acuerdo con la emperatriz, se llevó a Eudoxia a su palacio y allí la retuvo. El enojo del emperador no fue menor al notar la ausencia de su esposa. Pronto supo que se encontraba retenida como esclava de Pulqueria. Pensó que se trataba de una broma de mal gusto, pero ante sus ojos apareció el documento debidamente firmado por él que acreditaba la pertenencia de Eudoxia a Pulqueria. Dicen que una vez resuelta la cuestión, Teodosio II fue bastante diligente a la hora de revisar los documentos de gobierno.

La pereza causa un tremendo daño a la vida, ¡y de qué manera! Una mujer apática, especialmente en lo que respecta al cuidado de su hogar, la educación de sus hijos, la atención que brinda a su esposo y la dedicación a un trabajo, siempre será una mujer mediocre y lamentablemente todo su poder creativo estará atrapado en una cárcel. Ese potencial creativo sólo podrá ser liberado si ella misma decide esforzarse.

He aquí un gran autodescubrimiento para ti: ¡eres tu propia *coach*!

Consejos para combatir la pereza

- Limpia tu closet.
- Deja las cosas en su lugar.
- Levántate a una hora fija aunque te cueste.
- Haz ejercicio físico.
- Responde a todos tus correos aunque no tengas ganas.

Saboteador 2: La ira

Las mujeres podemos ser comparadas con los volcanes que pueblan la tierra. No hay belleza tan temible como la del fuego interno. Nada puede contener el infierno debajo de nuestros pies. Tres mil quinientos kilómetros debajo de nosotros la Tierra alcanza temperaturas de 5,700 grados centígrados. Los océanos de nuestro planeta contienen cerca del 80% de toda la actividad volcánica. En lo profundo de los mares hay fuego.

Cada volcán es único, con su pulso propio y su ciclo de vida. Para poder entender un volcán y anunciar su erupción, los vulcanólogos exploran el terreno, miden la gravedad del volcán y viven dentro de él.

Esta realidad sobre los volcanes me sirve para ilustrar la naturaleza de una mujer cuando se enoja y apreciar las profundidades de su ser. Porque una mujer enojada es como un volcán cuando entra en erupción: si no es capaz de controlarse a sí misma, puede arrasar con todo lo que ama.

Por ello una mujer debe ser tan lista como un vulcanólogo: conocerse a sí misma, saber cuáles son sus límites y vivir dentro de sí, es decir en sus cabales, sin desbordarse.

El dominio de sí mismo requiere conocimiento propio o conciencia de uno mismo, lo que según el psicólogo Daniel Goleman significa "observarse y reconocer los propios sentimientos; crear un vocabulario para las emociones; conocer la relación entre pensamientos, sentimientos y reacciones" (*La inteligencia creativa*, Buenos Aires, Javier Vergara Editor, 1996). Además, dominarse requiere paciencia, la práctica de actitudes asertivas (hacer pedidos claros y con firmeza), generosidad, empatía y, sobre todas las cosas, el pensamiento de unión en detrimento de la idea de destrucción.

La ira en la mujer puede tener varias causas: un matrimonio infeliz, infelicidad en el trabajo, descontento consigo misma: su físico, su personalidad. Y es bastante común que eche la culpa a sus padres por el propio temperamento.

Si en ocasiones te sientes presa de la ira, te invito a explorar tu interior y a encontrar las causas por las que estallas repentinamente (quizá con demasiada regularidad).

Consejos para vencer la ira

• Cuenta hasta diez antes de gritarle a tu pareja.
• Aprende a hacer meditación para el control emocional.
• Haz ejercicio físico todos los días.
• Que en tu casa siempre haya flores.
• Deja pasar un día antes de pelearte con tu mejor amiga.

Saboteador 3: La confusión

Para poder manifestar la creatividad en tu vida, es necesario tener una cabeza bien amueblada, es decir, claridad mental. La confusión en la mente femenina es uno de los obstáculos más grandes que le impiden hacer uso de su creatividad. La confusión sólo puede provocar descontrol, y una mujer que no tiene control sobre sí misma se verá obligada a batallar mucho para crear, no siempre con buen resultado.

Sin confianza no puede haber creación, y el problema de una mujer confundida es que ha perdido la confianza en sí misma, en sus decisiones y en sus ideas. ¡Y debe recuperarlas! El gran poeta y pensador estadounidense Ralph Waldo Emerson lo decía con claridad: "La confianza es el primer secreto del éxito."

Consejos para eliminar la confusión de tu camino

• Pide una segunda opinión para decidir temas importantes.

• Si vives una crisis en torno a terminar una relación o seguirla, busca una amiga cuya fama sea orientar bien a las personas.

• Si crees que alguna acción que llevaste a cabo hizo daño a una persona, trata de reparar cuanto antes el error pero no vivas confundida.

• Si tu confusión es tal que te genera excesiva inseguridad, considera la idea de visitar a un psicólogo.

Saboteador 4: La depresión

El caso de Evangelina

Después de haber consultado a un terapeuta durante seis meses aquejada por una profunda depresión, Evangelina vino a verme. Estaba lista para diseñar su nueva vida lejos de este terrible saboteador.

—¿Cómo va todo, Evangelina?

—Sheila, ahora sí te puedo decir que estoy lista para bajar todas esos kilos que me impiden sentirme viva, bonita y con confianza en mí misma.

—Perfecto —le dije—, ¿qué plan tienes?

—Pienso que puedo empezar a visitar a una nutricionista y luego hacer ejercicios tres veces por semana.

—¿Cuántos kilos quieres perder y en cuánto tiempo?

—Quiero perder 12 kilos o por lo menos 10 en un periodo de seis meses.

Le pregunté a Evangelina:

—¿Qué vas a hacer si en el camino pierdes la ilusión de soltar esos kilos?

—Sheila, sé que he superado la depresión, te aseguro que ahora ya nada me vencerá.

La abracé y la despedí asegurándole que me sentía muy orgullosa de ella.

La depresión es real y puede atacar a quien sea; incluso llevó a la brillante escritora Virginia Woolf a quitarse la vida.

La depresión es el gran cáncer de la mujer de nuestro tiempo. Una mujer deprimida no podrá vivir una vida creativa, pues su espíritu creador se encuentra atrapado en un hondo precipicio de desesperanza. Cuando la mujer vive con desesperanza y tristeza, vive en cámara lenta y a menudo como una autómata. Esto la lleva al deterioro de sí misma y de sus relaciones. Sin embargo, está en su propia mano encontrar una salida.

Consejos para vencer la depresión

Lo que puedes hacer:
• Antes que nada, visitar a un especialista.

• Tomar clases de pintura. Decía el gran Pablo Picasso: "Pintar es lo mismo que llevar un diario."

• Llevar un diario.

• Tomar clases de jardinería. Es lo que se llama terapia ocupacional: el contacto de tus dedos con la tierra produce nuevas conexiones neuronales que ayudan a incrementar la serotonina en tu cerebro.

• Caminar todos los días.

Salir de una depresión requiere el apoyo emocional de los seres queridos, control médico y ante todo un gran salto hacia la madurez personal. Pues hay un momento en la vida de cada persona en la que ella decide si quiere caminar hacia el horizonte y avanzar o hundirse en su propia desesperación.

Coaching para mente y corazón para vencer a los saboteadores de la creatividad

Una buena forma de vencer a estos cuatro saboteadores de la creatividad es meditar sobre la madurez, tal como la expresa este poema (anónimo):

Madurez es la habilidad para controlar la ira y arreglar las diferencias, sin violencia ni destrucción. Es ser paciente y tener disposición para dejar pasar el placer temporal a favor de una meta más difícil e importante.

Es perseverancia a pesar de una fuerte oposición y grandes desilusiones.

Es capacidad para enfrentarse con la frustración y la derrota, sin permitir que las fuerzas nos abandonen.

Es tener humildad y saber reconocer los errores que se cometen.

Es poder tomar decisiones y mantenerlas. La gente inmadura explora posibilidades hasta el infinito pero nunca hace nada.

Notas

....

....

....

....

....

....

....

....

....

....

V. Una vida creativa se disfruta mucho

Para mí, sentir despegar un avión es muy emocionante. Lo que más me conmueve de esa experiencia es sentir sus potentes ruedas correr sobre el asfalto con esa fuerza e impulso para arrancar decidido por la pista y luego alzarse con la delicadeza de una gaviota sobre el mar.

Recuerdo mi primer viaje a Europa. Volamos en el gigantesco Boeing 747. Me impresionó muchísimo ver sus tres amplias salas repletas de viajeros y pensé: ¿cómo va a levantarse esta armazón de hierro? Sin embargo, al encenderse los motores, inmediatamente el aparato se cargó de energía, vibró y tuve la sensación inmediata de que algo había cambiado, transformándose indudablemente en fuerza. Una fuerza tan poderosa que en pocos minutos, y cual ave majestuosa, volábamos a 10,000 metros de altura. De ser un gigantesco e inmóvil aparato en el suelo, el avión se había transformado en un poderoso instrumento dinámico que nos transportaría a más de 200 individuos al otro lado del mundo.

El avión cargado de energía es capaz de hacer eso. Lo mismo sucede en la vida de una persona cuando despliega toda la fuerza de su energía creadora y atrae a su vida cotidiana mejores relaciones de convivencia.

Al expresar su creatividad, la persona se abre a la creación de formas de comunicación más elevadas, hondamente humanas, saliendo siempre al encuentro del otro para hacerlo feliz.

Yo estoy aquí... tú estás ahí... dos disposiciones distintas pero complementarias. Carl Jung decía que la reunión de dos personalidades es como el contacto entre sustancias químicas: si ocurre una reacción, ambas quedan transformadas.

¿Qué necesitas transformar en tu vida?

Responde a las siguientes preguntas:

¿Qué sueño tienes todavía por realizar?

....

....

¿Qué palabras te describen cuando no estás dando lo mejor de ti?

....

....

¿Cómo te sientes cuando das lo mejor de ti?

....

....

Deja responder a tu poder interior.

¿En qué me he convertido?

....

....

¿Qué parte de mi personalidad debo amar profundamente?

....

....

Escribe 5 cosas que te hagan sentir orgullosa de tu personalidad.

1.

2.

3.

4.

5.

Si sentiste entusiasmo, curiosidad, motivación y energía para responder a estas preguntas, eres una candidata perfecta para el *coaching*.

La rueda de la vida y el *coaching*

¿Eres de las personas que piensan que la felicidad se puede medir? ¿Crees que eres feliz en todos los aspectos y dimensiones de la vida? ¿Has hecho alguna vez una prueba para medir tu propia felicidad con la rueda de la vida?

Déjame que te cuente. Esta rueda es un instrumento que utilizamos los *coaches* profesionales para evaluar los niveles de felicidad en ocho áreas diferentes de la vida de una persona. ¿Te acuerdas de la época de las famosas fotos instantáneas? Pues bien, hacer una evaluación de tu nivel de felicidad con la rueda de la vida es lo mismo que tomarte una instantánea. En el preciso momento en que terminas el ejercicio, puedes darte cuenta por ti misma de qué tan feliz eres. Es decir, la rueda de la vida evalúa el *aquí y ahora* de tu felicidad.

Se trata de un ejercicio muy simple, consiste en tomar una hoja en blanco, dibujar un círculo y dividirlo en ocho partes. Esas partes son: 1) Vida profesional, 2) Dinero, 3) Salud, 4) Familiares y amigos, 5) Amor, 6) Desarrollo personal, 7) Diversión y recreación, y 8) Entorno físico.

Por supuesto, puedes agregar a tu rueda más secciones si lo crees conveniente. Por ejemplo, algunos de mis clientes con frecuencia agregan a su rueda la Espiritualidad o Vida interior.

Puedes imaginarte la rueda de la vida como una sabrosa torta que estás por compartir con tus amigos y que a la vez va a ser dividida por ti para que cada quien obtenga su porción.

Al dividirla en partes, una rueda de la vida luce más o menos así:

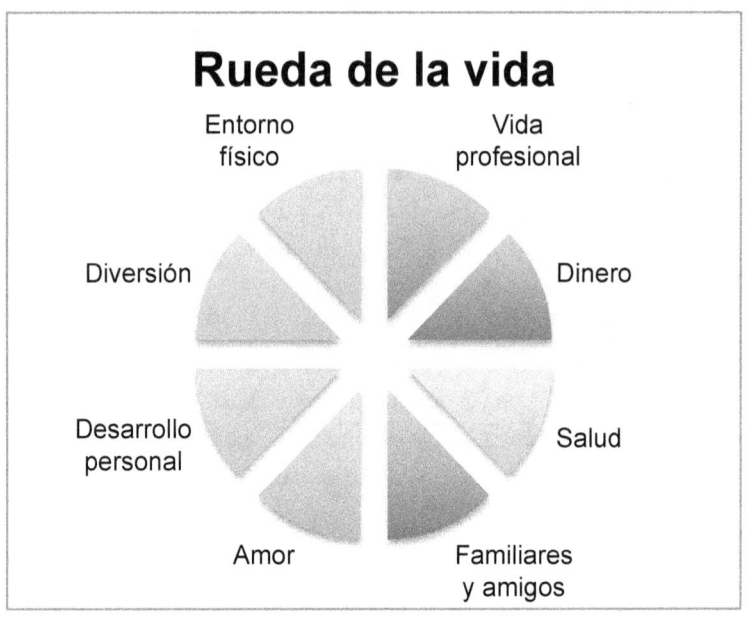

Rueda de la vida

Entorno físico — Vida profesional

Diversión — Dinero

Desarrollo personal — Salud

Amor — Familiares y amigos

Cada porción de torta debe ser numerada del uno al diez en cada una de las áreas que dan felicidad a la persona, siendo el uno menor felicidad y el diez, mayor felicidad o plenitud. La evaluación se hace de adentro hacia fuera. El ejemplo que te doy aquí abajo es una rueda de la vida de alguien que ha hecho su prueba:

Rueda de la vida

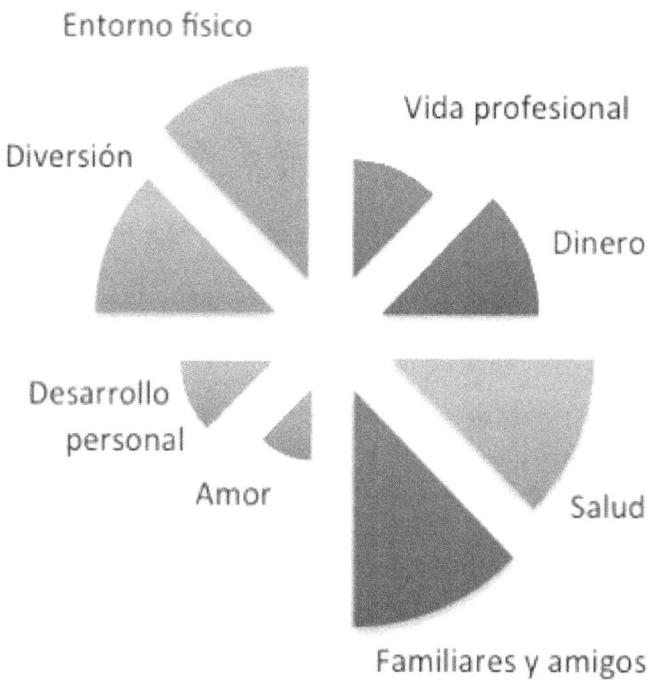

La persona que confeccionó esta rueda de la vida evaluó su felicidad así: Vida profesional: 5; Dinero: 7; Salud: 9; Familiares y amigos: 10; Amor: 3; Desarrollo personal: 4; Diversión: 8; Entorno físico: 9.

Al terminar de evaluar tu rueda, debes unir todos los puntos para lograr visualizar qué tan balanceada está tu vida (tu rueda). Como habrás notado, en la vida de esta persona hay mucho desequilibrio y por ello no está siendo feliz. Lo ideal sería que comenzara a nivelar su felicidad trabajando en las áreas de Amor y Vida profesional para incrementar su nivel de plenitud, pues la ausencia de esos dos elementos no le da a su vida el balance que desea.

Lo más importante al realizar la rueda de la vida es que la persona pueda darse cuenta inmediatamente de cómo está su vida actual y, en ese momento, tomar decisiones para trabajar cualquiera de las áreas en las que se sienta más urgido.

No puedo dejar de mencionar que cada rueda de la vida es única, como lo es cada persona que consulta a un *coach* para poder avanzar con más claridad y seguridad hacia sus metas y hacia su propia felicidad.

Idealmente, la rueda de la vida tiene que mostrar un equilibrio entre todas sus áreas. Por supuesto, ninguna rueda será perfecta, pero puede ir equilibrándose en la medida que la persona empiece a hacer cambios intencionados en su vida.

La rueda de la vida es un ejercicio excelente para incrementar tu propio nivel de conciencia semanalmente y diseñar tu semana de manera que logres vivir tu vida con intención, movimiento y plenitud.

Consejos para disfrutar tu vida

Dibuja tu propia rueda. Escribe el nombre de cada una de sus partes y coloca en ellas el número respectivo. Une luego los puntos para dar forma a tu rueda.

Tómate un tiempo para mirarla y percibir tus sentimientos:

• ¿Qué sientes cuando ves tu rueda?

....

....

• ¿El resultado es algo que ya percibías? Si es así, ¿por qué no has hecho nada para mejorar en esas áreas?

....

....

....

....

• ¿Cómo sería tu vida si lo hicieras?

....

....

....

....

VI. Aquí y ahora

*"La basura es todo lo que te aleja de lo único
que importa. Aquí y ahora. Y cuando estés en
el aquí y ahora te sorprenderás de todo lo que
puedes hacer y de lo bien que puedes hacerlo."*

—*El maestro a su aspirante en la película* El
camino del guerrero.

Sacar la basura significa deshacerte de todo aquello que
no te permite avanzar, lograr y saborear la plenitud de tu
vida.

Aprender a sacar la basura de la mente es una tarea
poderosa y uno de los desafíos más grandes que trae consigo
en su agenda una persona que se decide a hacer *coaching*.

Cuando alguien solicita a un *coach*, lo hace porque está
dispuesto a entrenar intensivamente su mente para lograr
aquellos resultados que en su interior sabe que es capaz de
lograr. Por lo tanto, sabe por anticipado que ha de llegar con
toda la disposición para alinear su mente hacia aquellas cosas
que van a hacer que su vida fluya, esté en movimiento
positivo, avance, logre, ¡brille!, tanto en lo personal como en
lo profesional.

Es muy importante que la persona tenga la seguridad de
que quiere deshacerse de todo lo que no necesita en su vida
para hacerla plena, abundante, feliz, positiva, dedicada
totalmente al presente. Ni ayer, ni mañana. Hoy. Aquí y
ahora.

El poder del *aquí y ahora* es algo sobre lo que poca gente reflexiona en profundidad. Aquí y ahora es la energía, el enfoque, la fuerza, las cinceladas extremas que darán forma a ese mañana con el que sueñas. Un cuerpo esbelto y tonificado, o una casa en la playa, o cinco novelas publicadas, o viajes alrededor del mundo gracias a ese año sabático que te regalaste después de algunas décadas de trabajo.

Cuando se vive en el aquí y ahora, se hace de cada segundo presente un momento enorme. Entonces se danza con la vida, se fluye, se realiza intensamente el día a día. Uno es protagonista de su propio salto cuántico y disfruta cada uno de los procesos del hilo de su propia vida, como pueden ser el dolor, el esfuerzo, las horas robadas al sueño, las renuncias a otros placeres por el placer del éxito y la realización personal.

La plenitud, el equilibrio y el proceso

De acuerdo con el plan de estudios del *Coaches Training Institute* de los Estados Unidos, una de las escuelas con las que me he formado como coach, existen tres principios fundamentales que están siempre presentes en la vida de las personas y cuya naturaleza es siempre orgánica y dinámica. Estos principios son la plenitud, el equilibrio y el proceso.

A lo largo de su desarrollo como persona, cada individuo se acerca o se aleja de estos principios. Como *coach*, mi labor es asegurarme de dos cosas: la primera, que el cliente comprenda la importancia que tiene cada uno de estos principios en su vida; la segunda, que avance hacia una mayor profundidad y expansión en cada uno de ellos.

1. Plenitud

La plenitud es siempre una experiencia única y personal. En *coaching* llamamos plenitud a aquella resonancia que se produce en la existencia de quien vive en concordancia con su propósito de vida y valores. La persona tiene la sensación de vivir con una expansión interna producida por la integridad con la que lleva adelante su vida.

2. Equilibrio

¿Recuerdas la rueda de la vida? Cuando tomas la instantánea de la rueda de tu vida, puedes ubicarte y desde ahí ver qué tan equilibrada está tu vida en ese momento. Entonces puedes pasar a trabajar en el área que más necesitas para obtener una sensación de vida plena en todas las áreas que te gratifican.

El *coach* ayuda a su cliente a encontrar diferentes perspectivas para que éste elija la que más le resuena, y a partir de ahí se diseña y se trabaja con un plan de acción.

3. Proceso

La vida de cada uno es un proceso dinámico. Algunas veces nuestra vida fluye, mientras que otras veces parece que se queda atorada y no avanza. La labor del *coach* es acompañar al cliente en el proceso en el cual se encuentra en ese momento de su vida. La vida es como un río. El *coach* sigue la corriente con él o trata de sostenerlo mientras atraviesa las aguas revueltas y muchas veces peligrosas o dolorosas que su vida le presenta, ayudándolo a llegar hasta la orilla.

Consejos aplicados específicamente a cada una de estas áreas

Aprenderás a desarrollar nuevas habilidades o formas de comportarte en el mundo y vivir una vida más fortalecida.

• ¿Cómo vives tu aquí y ahora?

....

....

....

....

• ¿Qué deberías sacar de tu mente para poder vivir aquí y ahora en tu nivel máximo de conciencia?

....

....

....

....

• ¿Qué tipo de ondas imaginarias está provocando tu aquí y ahora?

....

....

....

....

Un buen ejemplo de cómo avanzar desde el *coaching* es aquello que el maestro le dice a su discípulo en la película *Pacific Warrior*: aprendes a desarrollar la sabiduría para accionar la palanca indicada, en el lugar correcto, en el momento adecuado.

VII. Escucha tu vida

Si no te sientes a gusto contigo, con tu figura, con tu cuerpo y con tu peso; si ya no sientes la misma ilusión de verte en el espejo y no puedes evitar ese diálogo negativo que se produce cuando ves un aspecto físico en ti del que no te sientes orgullosa y mucho menos feliz; si estás cansada, no quieres hacer ejercicio, no te apetece correr, ni nadar, ni hacer yoga, y más bien parece que la ilusión por ti y el cuidado de ti misma ha desaparecido; quiero que sepas una cosa: *no estás sola.*

Cientos de millones de mujeres en el mundo nos estamos sintiendo así. Imagínate, somos el blanco perfecto de las campañas de publicidad en cuanto a cosméticos, moda, productos de belleza y promesas de una juventud eterna. Nuestros cuerpos están en las fotografías de todas esas mujeres que sólo se diferencian de nosotras por la jovialidad de su rostro, su aspecto escultural, su ropa fabulosa y un tipo de éxito que deja a cualquiera suspirando. Entonces llegas a casa, te desnudas, te bañas, te ves en el espejo y no te gustas. Te deprimes y te alejas del espejo. Callas. ¡Ajá! ¿Ocurre después de venir de la calle bombardeada por anuncios comerciales y todo lo que ya antes te he dicho? Sí, en efecto, ésa es una parte del problema. Sin embargo, el asunto es más profundo de lo que piensas, por lo que tal vez tú misma no conoces de ti o te niegas a reconocer.

Hay experiencias en nuestra vida que no han sido resueltas. Que se quedan ahí, en la sala de espera. Y con demasiada frecuencia, las mujeres nos quedamos en esa sala de espera comiendo. ¿Qué esperamos? Sueños, anhelos, metas que no alcanzamos, que conocemos pero ante las cuales no somos capaces de decir: "OK, no lo logré, me equivoqué, fracasé, me fallé." Y sin darte cuenta, vas recurriendo a la comida, de modo que ese dolor, o ese vacío, o esa frustración, o esos miedos, o esas batallas se van acumulando en kilos y kilos de sobrepeso.

Te cuento mi propia experiencia. Hoy escribo esto precisamente porque me he ganado el derecho de hacerlo. Llegó un buen día en que me paré frente al espejo y me dije a mí misma:

—¿Por qué me castigo así? Si sé que padecer de sobrepeso no me hace feliz, ¿por qué sigo comiendo? ¿Qué no he resuelto en mi interior? ¿Cuáles son esas áreas de mi vida que he dejado en la sala de espera? ¿Por qué no las paso a la sala de curación? ¿Qué tengo miedo de encontrar en mí? ¿Qué es lo que no quiero reconocer?

Entonces me determiné a hacer una lista de todas aquellas cosas que en mi vida me parecían negativas. La lista original no la tengo, pues parte del ejercicio es hacerla pedazos, pero recuerdo algunas de las cosas que escribí:

-Detesto haberme equivocado con el marido que elegí.

-Detesto haber dejado mi país.

-Detesto que no se me den las mismas oportunidades que a los demás por hablar inglés como segunda lengua.

-Detesto haberme sentido rechazada siempre por mi mamá.

-Detesto que mi amiga Lolis me haya tratado como lo hizo.

-Detesto, detesto, detesto...

Al ir escribiendo todo esto, pude sentir todo el peso del resentimiento en mi propio corazón, el haberme fallado a mí misma y el hecho de no poder perdonarme en tantas cosas. Recuerdo que lloraba y que todo era una conmoción interior espantosa.

Entonces, en medio de esa declaración, empecé a ver una luz y a escuchar una voz que me decía:

—Está bien ser tú. Está bien haberte equivocado. Está bien llorar. Está bien darte permiso de ser vulnerable. Está bien escuchar todo eso negativo para reconciliarte, para perdonar, para ser libre. Está bien ser la persona que eres, con tu historia, con tu guión de vida y con tus experiencias.

En ese momento me conmoví profundamente.

—¿Qué quieres hacer con todo esto? —preguntó la voz.

Entonces le respondí:

—Quiero dejar de castigarme a mí misma.

Y fue en ese instante profundo y mágico de intimidad conmigo cuando tomé la decisión de reconciliarme con mi historia, con mis errores y con mis conflictos.

Lo que hay que hacer, se hace

Busqué a un nutriólogo y decidí que bajaría peso. Así lo hice, en seis meses. Con gran enfoque, meta concreta y determinación perdí 15 kilogramos, que representaban frustraciones, vacíos, rencores y qué sé yo cuántas cosas más.

En la actualidad me encuentro en lo que llamo "sala de reconstrucción": perderé 5 kilos más y realizaré el último tramo de la reconstrucción de mi cuerpo con una práctica comprometida de ejercicio físico cinco veces a la semana. He hecho una alianza de amor conmigo. CONMIGO. He dejado de agobiarme por no tener la forma corporal que deseaba, más bien visualizo el cuerpo que quiero tener y esto representa mi mejor motivación para llegar a mi meta.

Ahora puedo decir que he vuelto a tener ilusión al salir de compras, al arreglarme, al tomarme fotografías. Al mirarme todos los días en el espejo con mirada afirmativa y llena de amor hacia mí misma. Aprendí a mirarme por primera vez con esa ternura y ese amor con que se mira a un hijo. Ahora que soy madre puedo hacerlo y es una experiencia altamente valiosa que nutre mi vida.

Siempre estar frente a ti misma es atreverte a dar un salto. Un salto de verdadero coraje, pues tienes que estar dispuesta a platicar contigo, a cuestionarte, a conocerte de una forma nueva.

Escribir todas aquellas cosas negativas que piensas sobre ti y que no te atreves a declarar es un acto heroico verdadero. Es un acto de amor, ese amor que también corrige.

Coaching para mente y corazón para despertar el poder de escucharte y modificar tu vida

• ¿De qué cosas debes perdonarte a ti misma?

....

....

....

....

• ¿Qué es lo que te pide tu corazón que hasta hoy no has querido escuchar?

....

....

....

....

• ¿Qué pasaría en tu vida y en la relación contigo si lo hicieras?

....

....

....

....

• ¿Qué aspectos propios has dejado en la sala de espera de tu vida? ¿Qué tienes que hacer para pasarlos a la sala de recuperación?

....

....

....

Por último...

En una hoja de papel, confecciona una lista de todos tus resentimientos.

Después de escribir todas esas cosas negativas, respira hondo y léelas en voz alta. Date tiempo para procesarlas. Siente pena, asómbrate, llora si quieres. Horrorízate. Y no dejes de escuchar las instrucciones que te dará tu propio corazón.

No se trata de un encuentro de Dios contigo, se trata de un encuentro de ti contigo misma. Con esa mujer única e irrepetible que eres. María, Carolina, Juana, Maritza, Beatriz, Silvia, Dinora, Margarita, Patricia, Isabel... ¿Me comprendes? Entonces destruye tu lista y sigue adelante.

Habrás nacido de nuevo.

• ¿Qué sentiste con este proceso? ¿Qué te dijo la vida?

....

....

....

....

¡Seguimos juntas hacia el éxito!

Unas palabras finales

Tanto tú como yo tenemos la tarea de conocer, encontrar y utilizar nuestra creatividad para embellecer no solo nuestra vida, sino la vida de los nuestros, de aquellos que amamos, de las personas con las que convivimos y del mundo. Las mujeres que se esfuerzan por conocer esta parte de ellas mismas adquieren una sensibilidad especial hacia la belleza, los detalles, la educación humana y el arte.

No dejes que tu vida pase sin ponerte en sintonía con esa habilidad innata del espíritu humano. Desde muy pequeñas estamos creando, con nuestra primera sonrisa, nuestros primeros movimientos de baile después de que hemos aprendido a caminar, nuestros juegos con las muñecas, la decoración de nuestra habitación, siempre estamos expresando nuestra personalidad única e irrepetible a través de todo ello.

Decídete a partir de hoy a vivir de manera más consciente tu creatividad y expándela en todos los ámbitos en los que te muevas. Estarás embelleciendo más tu alma y la del mundo con tener sólo la intención.

Como *coach,* no hay nada mejor que el intercambio franco y profundo con otros seres humanos. Si quieres compartir algo de tu experiencia o aprender más sobre estos temas, por favor envíame las historias de tu proceso creativo a SheilaMorataya@yahoo.com y añádeme en Facebook.com/SheilaMorataya o sígueme en twitter.com/SheilaMorataya y…

¡Que la creatividad te acompañe!